Ro
1255

ZOROASTRE,

TRAGEDIE.

REPRESENTÉE

AR L'ACADEMIE ROYALE

DE MUSIQUE,

POUR LA PREMIERE FOIS,

Le Vendredy cinq Décembre 1749.

PRIX XXX SOLS.

AUX DEPENS DE L'ACADEMIE.

trouvera les Livres de Paroles à la Salle de l'Opera & à l'Academie Royale
de Musique, rue S. Nicaise.

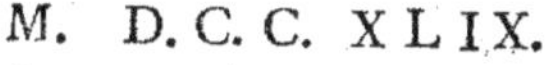

M. D. C. C. XLIX.

AVEC APPROBATION ET PRIVILEGE DU ROY.

Les paroles de M. DE CAHUSAC.

La Musique de M. RAMEAU.

ACTEURS CHANTANS

Dans les Chœurs.

CÔTE' DU ROI.		CÔTE' DE LA REINE.	
Mesdemoiselles.	*Messieurs.*	*Mesdemoiselles.*	*Messieurs.*
Dun.	Lefebvre.	Cartou.	S. Martin.
	Le Page C.	Rôllet.	Gratin.
Tulou	Laubertie.	Daliere.	Le Messe.
Delorge.	Vaudemont.	Masson.	Bertrand.
	Rafron.		
Larcher.	Fel.	Victoire.	Hordé.
Cazeau.	Bourque.	Gondré.	Levasseur.
	Duchênet	Hery.	Chapotin.
Le Tourneur.	Rochette.		
	Le Roy.	Folliot.	Favier.
La Croix.	François.	Somervile.	Feret.
Lablotiere.	Selle.	Duval.	Touchain.

A ij

ON regarde ZOROASTRE comme l'Inventeur de la Magie (*a*) & l'opinion la plus commune eſt qu'il fut Roi de la Bactriane.

Il n'eſt point d'homme dans l'antiquité dont les Auteurs & les Nations ayent écrit & conté tant de fables ; on ne s'eſt accordé ni ſur le tems, ni ſur le lieu de ſa naiſſance, & on n'eſt gueres plus certain des climats où il a vécu, & de celui où il a ceſſé de vivre (*b*).

Il fut l'Inſtituteur des Mages ; il admettoit un bon & un mauvais principe, ſe combattant ſans ceſſe, juſqu'à ce que l'Auteur du bien pût remporter une victoire entiere ſur l'Auteur du mal (*c*). Il donnoit au premier le nom d'Oromaſe ou de lumiere, & celui d'Ariman ou de ténébres au dernier (*d*).

Il rendoit un culte ſolemnel au Soleil & au feu ;

(*a*) Il y a deux ſortes de Magie ; l'une diabolique, on la nomme *Goeïe* ; l'autre, bienfaiſante, on la nomme *Theurgie*.

(*b*) Les bons Critiques aſſurent qu'il y a eu pluſieurs Zoroaſtres, comme pluſieurs Hercules ; par ce moyen il eſt aiſé de concilier les actions contraires que l'Hiſtoire attribue à Zoroaſtre ; par exemple, le premier fut Inſtituteur des Mages, & il abolit les Temples ; le ſecond, fut le Reſtaurateur de cette Secte, & il rétablit les Temples détruits, &c. *Prid. Hiſt. des j. Pli. Hiſt. nat. liv. 30. ch. 1. Phil. Orient. de T. Stanley*, miſe en Latin par Leclerc, &c.

(*c*) *Et hac duo contra ſe invicem inſurgebant, & de victoria contendebant, donec lux viceret tenebras, & bonum malum.* Hyde Hiſt. rel. vet. Perſ.

(*d*) Le mauvais principe eſt nommé indifferemment *Arimanius* & *Ariman*. Dans le cours de cet ouvrage on a été obligé de ſe ſervir des expreſſions de *lumiere* & de *tenebres* pour parler la langue de *Zoroaſtre*.

nais il ne les honoroit, l'un (*e*) que comme le trône, 'autre que comme le symbole & l'image du principe immua-le, qui étoit l'objet unique de son adoration.

Il supposoit des Etres inferieurs répandus dans les differentes Spheres, pour y maintenir cette constante harmonie, si nécessaire au repos du monde, & selon PLU-TARQUE, il entretenoit avec ces bons Génies le commerce le plus intime. C'étoit-là sa magie.

En offrant sur la Scene Lyrique un Personnage aussi célébre, on a crû ne devoir épargner ni recherches, ni soins pour rassembler les traits principaux qui le distinguent dans l'Histoire Ancienne (*f*), & c'est sur ces materiaux qu'on a tracé son caractere, & le plan de cet Ouvrage.

On oppose à ZOROASTRE un Prêtre ambitieux, Ministre farouche du mauvais principe, & on le suppose l'Inventeur de cette autre magie (*g*), dont la puissance redoutable émane des esprits de ténébres.

On feint qu'Abramane par la force de ses enchantemens, & sur tout par la crainte de leurs effets, a établi le culte des Idoles (*h*); Mais ces Simulacres, sous des noms imposans, & plus à portée des Peuples qu'il avoit séduits, ne font que les esprits malfaisans, Ministres

(*e*) C'est l'opinion la plus commune, *Voyez* Arnobe, Platon, Herb. Bib. or. au mot *Zerdach.*
(*f*) *Plut. de Is. & Os. Huet Consf. En.* &c.
(*g*) La Goetie.
(*h*) Acte premier, Scene premiere : Acte III. Scene IV. Acte IV. Scene V.

6

immortels des volontez du cruel Ariman, ou les emblé-
mes de ses divers attributs (i).

Il amuse ainsi par des Images & des Contes frivoles
la crédulité de ces mêmes hommes, que son pouvoir magique fait trembler. Les mysteres secrets sont réservez pour
les Prêtres complices affreux de sa barbarie, de son ambition & de ses forfaits.

Ce Personnage & le contraste qu'il fournit, sont tirez
du fonds du sujet même. Zoroastre (k) eut à combattre
& à détruire l'idolâtrie répandue alors dans la Perse, ainsi
que dans presque tout le reste du monde.

(i) Dans le second Acte, on a mis en action le culte & les principes de Zo-
ROASTRE. On lui oppose au quatriéme le culte secret & les principes d'A-
BRAMANE. On a placé la Scène du second Acte aux Indes. Les Auteurs s'ac-
cordent presque tous sur le lieu où la religion des Mages prit naissance, &
c'est dans cette partie du Monde.

(k) On a suivi l'opinion des Auteurs qui font vivre & fleurir ZOROAS-
TRE dans les tems les plus reculez.

L'OUVERTURE SERT DE PROLOGUE.

La premiere partie est un Tableau fort & pathetique du
pouvoir barbare d'ABRAMANE, & des gémissemens des
Peuples qu'il opprime. Un doux calme succede : l'espoir
renaît.

La seconde partie est une Image vive & riante de la
puissance bienfaisante de ZOROASTRE, & du bonheur des
Peuples qu'il a délivrez de l'oppression.

ACTEURS.

ZOROASTRE, *Inftituteur des* Mr Jeliotte.
Mages.

ABRAMANE, *Grand Prêtre* M^r De Chaffé.
des Idoles.

AMELITE, *Héritiere préfomp-* Mlle. Fel.
tive du Trône de la Baftriane.

ERINICE, *Princeffe de la* Mlle. Chevalier.
Baftriane.

ZOPIRE, *un des Prêtres des* M^r. Perfon.
Idoles.

ZELIZE, ⎫ *jeunes Baftrienes de* Mlle. Jacquet.
CEPHIE, ⎭ *la Cour d'Amelite.* Mlle. Dupeyrey.

ABENIS, *jeune Sauvage In-* M^r. Poirié.
dien.

CENIDE, *jeune Indienne Sau-* Mlle Coupée.
vage.

UNE VOIX *fortant du nuage* M^r. De la Tour.
enflamé.

Un SALAMANDRE,   M^r. Le Page.

Une SILPHIDE,   Mlle. Coupée.

La VENGEANCE,   M^r. Le Page.

Une VOIX SOUTERRAINE, M^r. Le Fevre.

8

BACTRIENS & BACTRIENNES.
SAUVAGES INDIENS.
MAGES.
PEUPLES ELEMENTAIRES.
PRESTRES DES IDOLES.
DEMONS ET SUITE DE LA VENGEANCE.
LA JALOUSIE.   Mlle Daliere.
LA COLERE.   Mlle Rolet.
Ire. FURIE.   M. Poirier.
IIe. FURIE.   M. Cuvillier.
BERGERS ET PASTRES.

PERSONNAGES DANSANS.

ACTE PREMIER.

BACTRIENNES.

Mlle PUVIGNEE.

Mlles. Courcelles, Dazenoncourt, Thierry,
S. Germain.

Mlles. Defirée, Devaux, Puvignée m., Sauvage,
Victoire, Parquet.

M^r. LAVAL, Mlle. PUVIGNE'E,

ACTE SECOND.

INDIENS SAUVAGES.

Mr LAVAL.   Mlle LABATTE.

Mrs. Caiez, Mion, Hamoche, Bourgeois.

Mlles. Thieri, Beaufort, Sauvage, Briseval.

MAGES.

Mrs LYONNOIS & DEVISSE.

Mrs. Dupré, Matignon, Feuillade, Aubri,
le Lievre, Saunier.

Mlle CAMARGO.

ACTE TROISIÉME.

PEUPLES ELEMENTAIRES.

Mlle CARVILLE.

Mrs LANY & TESSIER.

Mlle DALLEMAND & LANY.

Mrs. Le Lievre, Caiez, Laurent, Laval, Saunier.

Mlles Desirée, Bellenot, Dazenoncourt, Sauvage,
Briseval.

B

ACTE QUATRIÉME.
PRESTRES D'ARIMAN.
Mr DEVISSE.

Mrs. Dupré, Feuillade, Laval, Aubri, le Lievre Saunier.

ESPRITS CRUELS DES TÉNEBRES.

LA HAINE, Mlle LYONNOIS.
LE DESESPOIR, Mr LYONNOIS.

Mrs. Hamoche, Caiez, Laurent, Mion.

Mlles. S. Germain, Courcelle, Dazenoncourt, Thieri.

ACTE CINQUIÉME.
PEUPLES ELEMENTAIRES.
Mr DUPRE.

Mrs Le Lievre, Feuillade, Laval, Saunier.

Mlles Bellenot, Defirée, Sauvage, Brifeval.

BERGERS & BERGERES.

Mr LANY. Mlle LANY.

Mlle. DALLEMAND.

Mrs. Matignon, Bourgeois, Laurent, Mion, Hamoche, Aubri.

Mlles. Beaufort, Dazenoncour, Thieri, Victoire, Grenier, Defchamps.

ZOROASTRE,
TRAGEDIE.

ACTE PREMIER.

Le Théâtre repréſente une Campagne ravagée, des pré-
cipices ouverts par des torrens &c. le Fleuve de Baćtre
dont les flots ſont agitez, paroît dans la perſpective,
& on le voit ſe perdre dans la Ville du même nom; le
Palais d'Amelite eſt dans un des côtez du fonds.

SCENE PREMIERE.
ABRAMANE, ZOPIRE.
ZOPIRE.

L'heureux Abramane, enfin tout eſt pro-
      pice;
Le Peuple conſterné de ce ravage affreux,

B ij

Pour disposer du Trône attend l'arrêt des Dieux :
Faites-les déclarer en faveur d'Erinice.

A B R A M A N E.

C'en est fait : qu'à son tour Amelite gémisse.

> Non je ne puis assez punir
> Une inhumaine qui m'outrage.

Dans des fers odieux est-ce à moi de languir ?
Zoroastre est aimé, la haine est mon partage.

> Non je ne puis assez punir
> Une inhumaine qui m'outrage.

Trop ingrate Amelite, il est tems que ma rage
Te rende tous les maux que tu m'as fait souffrir.

> Non je ne puis assez punir
> Une inhumaine qui m'outrage.

Z O P I R E.

Et nos Dieux & le Peuple ont proscrit sans retour
Le Chef audacieux d'une Secte ennemie.
Le Roi qu'avoient séduit les erreurs de l'impie,
A la fleur de ses ans vient de perdre le jour.

Rien ne peut plus troubler le cours de votre vie,
> Si vous triomphez de l'Amour.

A B R A M A N E.

Zoroastre est proscrit, il fuit ; mais il respire.

*Z O P I R E.

Nos Dieux de leur gloire jaloux
Ont vengé leurs Autels qu'ils ne doivent qu'à vous.

A B R A M A N E.

Est-ce affez d'un exil pour l'horreur qu'il m'infpire?

Z O P I R E.

Peut il échapper à vos coups ?

De vos enchantemens la force eft invincible ;
Le pouvoir qu'Ariman a remis en vos mains
De fa vafte puiffance eft l'image terrible :
Vous avez à fes pieds entraîné les humains.

A B R A M A N E.

Ce pouvoir éclatant ne touche plus mon ame.
Que l'appas d'un Trône eft flateur !
Ce feul bien manque à ma grandeur,
Et mon ambition qui s'irrite & s'enflâme,
Se préfente fans ceffe aux défirs de mon cœur.

Puis-je compter fur Erinice ?
Zopire, elle devoit m'attendre dans ces lieux.

Z O P I R E.

Vous la voyez ; mes foins ont fecondé vos vœux.
Qu'au défaut de l'Amour la gloire vous uniffe :
Immolez tout pour être heureux.

Zopire fort.

SCENE II.
ERINICE, ABRAMANE.

A B R A M A N E.

Princesse, avec Phæérés la tyrannie expire;
Ses yeux étoient couverts d'un funeste bandeau ;
        Et nos Dieux qu'il croyoit détruire,
L'ont conduit à pas lents dans la nuit du tombeau.

Voir nos Peuples heureux, est le bien où j'aspire.
Amelite est d'un sang qui nous donna des Rois ;
Mais au Trône comme elle, Erinice a des droits,
Et les Dieux pour regler le sort de cet Empire
        Vont bientôt emprunter ma voix.

E R I N I C E.

Je t'entens. Pour regner, parle, que faut-il faire ?

A B R A M A N E.

            Nous unir pour jamais.

        La raison plus que la colere
        Eteint les feux dont je brûlois ;
Je rends grace à l'Amour, & sa rigueur m'éclaire ;
Il vouloit m'inspirer le désir de vous plaire,
Vous reserver un Trône, & venger vos attraits.

ERINICE.

prens pour t'excuser une inutile peine :
iffe, laiffe avec moi ce frivole détour.
te connois : tu vas me connoître à ton tour,
fens pour Zoroaftre une tendreffe vaine....
efpoir de la venger l'étouffe fans retour.
gnons, & ne fongeons déformais à l'Amour,
  Que pour nous livrer à la haine.

ENSEMBLE.

Uniffons nos fureurs,
Goutons les douceurs
D'une vengeance éclatante.

ERINICE.

De ma rivale tremblante
Je verrai couler les pleurs.

ABRAMANE.

Je jouirai de la rage impuiffante
n ennemi jaloux accablé de malheurs.

ENSEMBLE.

Uniffons nos fureurs,
Goutons les douceurs
D'une vengeance éclatante.

ABRAMANE.

Bactriens l'ingrate entraînoit tous les vœux ;
  Par l'effroi d'un foudain orage

Mon art a fufpendu le zele impetueux
D'un peuple timide & volage.

ERINICE.

Acheve. Que les Dieux fe déclarent pour moi :
C'eft à ce prix que je me donne.
Si tu me fais regner, je jure qu'avec toi
Je partagerai ma Couronne.

Dieux terribles, Dieux puiffans,
Sur ma tête lancez la foudre :
Eclatez, hâtez-vous de me réduire en poudre,
Si je trahis mes fermens.

ABRAMANE.

Je ne balance plus, * que ce don foit le gage
Du nœud facré qui nous engage.

On entend un prélude.

ABRAMANE continue.

On approche, quittons ces lieux.
Qu'Amelite à fon gré me dédaigne & m'offenfe,
Je vous laiffe un pouvoir égal à ma puiffance,
Je fuis affez vengé, s'il éclate à fes yeux.

ERINICE.

Il fuffit. Répond-moi des Dieux,
Je te réponds de ta vengeance.

*Ils fe féparent & quittent le Théâtre par les deux côtez
oppofez.*

* Il fépare en deux fa baguette magique, & il en donne une moitié à
Erinice.

SCENE

SCENE III.

AMELITE, ZELISE, CEPHIE, jeunes
BACTRIENS & BACTRIENNES de la Cour
D'AMELITE, qui arrivent en dansant sur le
Chœur.

C H Œ U R.

Rassurez-vous tendre Amelite,
Voyez nos jeux, écoutez-nous ;
Que le trouble qui vous agite
Cede à l'espoir le plus doux.

A M E L I T E.

Les plaisirs & les jeux ne m'offrent plus de charmes.
Non, non, à d'éternelles larmes
Mes tristes yeux sont condamnez ;
Je tiens à la douleur par d'invincibles chaînes,
Et l'unique plaisir des cœurs infortunez
Est de s'occuper de leurs peines.

C E P H I E.

Laissez-nous partager vos pleurs.
Rien n'est plus doux pour une ame sensible
Que le tendre interêt qu'on prend à ses malheurs.

C

Z E L I S E.

Esperez un fort plus paisible:
L'Amour fçait adoucir les plus vives douleurs.

A M E L I T E.

Reviens, c'est l'Amour qui t'appelle,
Cher Amant, viens regner sur des Peuples soumis,
Et sur le cœur le plus fidelle.

De tes barbares ennemis
Brave la rage criminelle;
Calme par ton retour & ma terreur mortelle,
Et les peines dont je gémis.

Reviens, c'est l'Amour qui t'appelle,
Cher Amant, viens regner sur des Peuples soumis,
Et sur le cœur le plus fidelle.

*Accablée de douleur, elle s'asseoit sur un gazon; sa Cour
s'empresse & danse autour d'elle.*

C E P H I E.

L'Amour pour un cœur qui l'implore,
N'a point d'éternelles rigueurs.

Les tendres pleurs
Que répand l'Aurore,
Font bientôt éclore
Les plus belles fleurs.

On danse.

ZELISE, CEPHIE.

Zephirs, fervez notre attente,
Ramenez un doux repos ;
De votre aîle careſſante
Calmez le courroux des flots.

On danſe.

La danſe eſt interrompue par un bruit ſemblable à ceux qui précedent les tremblemens de terre ; les eaux du Fleuve s'agitent, & l'obſcurité s'empare du Théâtre.

AMELITE, CEPHIE, ZELISE, CHŒUR.

Les rayons du Soleil paliſſent,
La terre tremble, le jour fuit ;
Au bruit dont les airs retentiſſent,
Les cris des échos s'uniſſent ;
Quelle affreuſe nuit !

SCENE IV.

ERINICE & les précédens.

AMELITE en courant vers Erinice.

C'Eſt vous, chere Erinice ?... Ah ! dans mon
trouble extrême,

Votre danger redouble ma terreur,
Fuyons des lieux remplis d'horreur :
Venez, je crains pour vous autant que pour moi-
même.

ERINICE.

Foible Princesse, ici ne tremble que pour toi ;
Juge par mes fureurs, connois par ton effroi
Quelle est ma haine & ma puissance.

AMELITE.

Qu'entens-je ! . . . Eh ! d'où peut naître un si cruel
transport ?

ERINICE à la suite d'Amelite.

Eloignez-vous, ou craignez ma vengeance :
Redoutez des tourmens plus affreux que la mort.

La suite sort.

SCENE V.

AMELITE, ERINICE.

AMELITE.

HElas ! Tout fuit .. tout m'abandonne !

ERINICE.

Ton bonheur disparoit, & leur fuite t'étonne ?

Venez, Esprits cruels, soumis à mon pouvoir,
Abramane commande, & ma voix vous appelle,
Venez, faites regner à jamais autour d'elle
La terreur & le désespoir.

Erinice disparoît.

SCENE VI.

AMELITE, Troupe D'ESPRITS cruels.

AMELITE.

DIeux, Protecteurs de l'innocence,
Dieux justes, prenez ma défense !!

CHŒUR d'Esprits malfaisans & cruels qui entourent & entraînent AMELITE.

Tremble, tremble, fuis nos pas :
Envain l'innocence crie,
L'enfer ne l'écoute pas ;
S'il la poursuit pendant la vie,
Il la venge après le trépas.

Fin du premier Acte.

ACTE SECOND.

*Le Théâtre repréſente un Valon agréable au pied du
Mont Taurus, du côté de l'Indoſtan ; le fonds eſt
la chaîne de Montagnes qui le ſépare de la Baƈtriane,
ſur l'une deſquelles & à mi-côté s'éleve un Pirée* ;
dans les lointains differens, on apperçoit des Cabanes
de diverſe ſtruƈture.*

* C'eſt le
nom qu'on
donnoit à la
demeure
des Mages.

L'Aƈte commence au lever de l'Aurore.

SCENE PREMIERE.
A B E N I S.

S OMEIL fui de ce ſéjour.
Pour la Fête la plus belle,
La voix de l'Amour nous appelle,
Volons à la voix de l'Amour.

SCENE II.

CENIDE, ABENIS.

CENIDE.

L'Aurore vermeille
Presse son retour.

Les tendres oiseaux qu'elle éveille
Par leurs chants, annoncent le jour.

ENSEMBLE.

Sommeil fui de ce séjour,
Pour la Fête la plus belle,
La voix de l'Amour nous appelle,
Volons à la voix de l'Amour.

ABENIS.

Le Dieu de Zoroastre est un Dieu favorable,
C'est l'Amour qui dicte ses Loix;
L'ignorance & l'erreur qui regnoient dans nos Bois,
Cedent aux traits brillans de sa lumiere aimable,
Et le bonheur vole à sa voix.

CENIDE.

CENIDE.

r fon ordre en ce jour notre vive jeuneſſe
les nœuds ſolemnels s'aſſervit pour jamais.
e cette Loi nouvelle eſt chere à ma tendreſſe !
    Que l'Hymen doit avoir d'attraits !
us allons être unis pour nous aimer ſans ceſſe ;
Dieu de Zoroaſtre eſt le Dieu des bienfaits.

ABENIS.

    De notre flâme mutuelle,
Hymen va pour toujours aſſurer le bonheur.
Amour qui l'alluma pour la rendre éternelle,
    Offre un nouveau charme à mon cœur,
Dans le devoir de vous être fidelle.

D

SCENE III.
ABENIS, CENIDE,
SAUVAGES INDIENS.

ABENIS, CENIDE & le CHŒUR.

Sommeil fui de ce féjour.
Pour la Fête la plus belle ;
La voix de l'Amour nous appelle,
Volons à la voix de l'Amour.

SCENE IV.

Le Pirée s'ouvre : Zoroaftre & les Mages qu'on en voit fortir , defcendent par les differentes routes qui fonc pratiquées fur la Montagne. Dans le même tems plufieurs quadrilles de Sauvages Indiens paroiffent , & fe rendent en danfant fur le Théâtre.

Le jour augmente par dégrez infenfibles.

ZOROASTRE , MAGES , ABENIS , CENIDE, SAUVAGES INDIENS.

ZOROASTRE.

Ces retraites font les aziles
De l'innocence & de la paix.

Peuples puiffiez-vous déformais
N'y trouver que des jours tranquiles.

n Dieu maître des Dieux, & Pere des humains,
us avez reconnu la puiffance fuprême,
es traits éclatans dont il s'eft peint lui-même
Dans les ouvrages de fes mains.

*ENIS, CENIDE, CHŒURS de MAGES
& de SAUVAGES.*

Le bruit effrayant du tonnerre,
Le feu rapide des éclairs,

ABENIS, CENIDE.

haleine des zéphirs qui parfume les airs,
Les fleurs qui brillent fur la terre,

Tous les CHŒURS.

out retrace fa gloire aux yeux de l'Univers.

ZOROASTRE.

Un Trône éclatant de lumiere
ux mortels éblouis dérobe en vain fes traits ;
our le bonheur du monde il remplit fa carriere,
eft l'ame, & l'amour de la nature entiere,
Par fa flâme & par fes bienfaits.

CHŒURS.

Le bruit effrayant du tonnerre,
Le feu rapide des éclairs,

ABENIS, CENIDE.

L'haleine des zephirs qui parfume les airs,
Les fleurs qui brillent fur la terre,

Tous les CHŒURS.

*On voit Tout retrace fa gloire aux yeux de l'Univers. *
briller les
premiers
rayons du
Soleil.

ZOROASTRE.

Il paroît. Son éclat a fait pâlir l'aurore :
Le jour brille de toutes parts.
Dieu bienfaisant, Zoroaftre t'implore;
Daigne favorifer de tes premiers regards
Un nouveau Peuple qui t'adore.

*Zoroaftre, les Mages & les Peuples vont adorer
Oromaze ou la Lumiere.*

ZOROASTRE aux Mages.

Miniftres de ce Dieu, qui veillez par fon choix
Au feu facré que dans nos Bois
Ont allumé les flâmes du tonnerre;

nfervés ce tréfor, & publiez fes Loix,
Annoncez fa gloire à la terre.

Entrée de Mages.

Z O R O A S T R E.

nez-vous, aimez-moi Peuples, foyez heureux.

las! Loin de l'objet de mes plus tendres vœux,
e funefte Loi me condamne de vivre.
L'Enfer, Abramane, & fes Dieux
Sont obftinez à me pourfuivre,
la terre gémit fous leur joug odieux.

s plaifirs innocens qui font votre partage,
La paix qui regne dans vos cœurs
Sont l'unique bien qui foulage
Le poids cruel de mes malheurs.

C H Œ U R *de Sauvages Indiens.*

Regnez fur un Peuple fidele,
Zoroaftre, commandez-nous.

Z O R O A S T R E.

ivez en liberté: c'eft un deftin fi doux!
Je fuis content de votre zele.

H Œ U R *de Sauvages qui entourent* Z O R O A S T R E.

Zoroaftre, commandez-nous.

 ZOROASTRE,

Regnez fur un Peuple fidelle,
Qui veut vivre & mourir pour vous.

ZOROASTRE.

Non, non, votre bonheur me fert de récompenfe.
La Nature & l'Amour m'ont infpiré vos Loix,
Que vos Loix & votre innocence
Soient vos feuls guides & vos Rois.

Venez, jeunes Amans, que la Fête commence,
Recevez de ma main l'objet de vôtre choix.

BALLET FIGURÉ.

*Il eft formé par les jeunes Sauvages que Zoroaftre &
les Mages uniffent avec des guirlandes de fleurs.*

ZOROASTRE.

Aimez-vous, aimez-vous fans ceffe,
L'Amour va lancer tous fes traits.

C'eft pour votre bonheur qu'il vous lie & vous
bleffe ;
Jouiffez de votre tendreffe,
Dans les bras des plaifirs, dans le fein de la paix.

Aimez-vous, aimez-vous fans ceffe,
L'Amour a lancé tous fes traits.

Les jeunes mariez forment un divertiffement général.

CENIDE.

Dans nos Bois le cœur nous conduit ;
On ne s'unit que quand on aime,
Et c'eſt pour aimer qu'on s'unit.

Une tendreſſe extrême
Précede l'Hymen , & le ſuit ;
On le prendroit pour l'Amour même,
Et l'Amour s'en applaudit.

La danſe continue.

ZOROASTRE.

A vos vœux l'Amour ſe préſente
Sous les traits rians du plaiſir.

CHŒUR.

A nos vœux , &c.

ZOROASTRE.

bonheur eſt le prix d'une flame conſtante,
Il faut ſe fixer pour jouir.

CHŒUR.

A nos vœux , &c.

ZOROASTRE.

Le papillon & le zephir
Ne voltigent que dans l'attente

De la fleur cherie & brillante,
Qui pour eux doit s'épanouir.

Le ruisseau murmure & serpente,
Jusqu'au séjour qui lui présente
L'onde à laquelle il doit s'unir.

C H Œ U R.

A nos vœux l'Amour se présente
Sous les traits rians du plusir ;
Le bonheur est le prix d'une flame constante,
Il faut se fixer pour jouir.

Le divertissemement continue. Tout à coup on voit sortir du Pirée des feux étincelans.

Z O R O A S T R E , M A G E S.

Ciel ! De feux ce Mont étincelle !

Un concert d'instrumens éclatans se fait entendre dans les airs.

Z O R O A S T R E , les C H Œ U R S.

Quels sons éclatans & divers !

Un nuage enflâmé qui environne un Char de feu, traîné par des Salamandres, descend rapidement, & couvre le fonds du Théâtre.

ZOROASTRE,

ZOROASTRE, les CHŒURS.

Une flamme nouvelle
S'allume, & brille dans les airs.

Une V O I X qui part du nuage enflammé.

Zoroaftre, un tyran, accable ta Patrie,
» Et tu languis dans un lache repos?

ZOROASTRE.

Que ne puis-je adoucir fes maux
Aux dépens même de ma vie!
Mais quel peut être mon efpoir?
Profcrit, fans fecours, fans pouvoir....

La V O I X.

» Zoroaftre vole à la gloire:
» Triomphe, éclaire l'Univers.
» La *Lumiere* attend la victoire,
» Sur les *Ténebres* des Enfers.

ZOROASTRE.

J'entens-je! Quel tranfport s'empare de mon
ame!
Efpoir s'offre a mon cœur... Que la Gloire a
d'attraits!
Sois mon guide, ô divine flamme.
Peuples ne m'oubliez jamais.

E

Il se précipite dans le Char ; le nuage se referme , & il se perd dans les airs.

ABENIS, CENIDE, MAGES, PEUPLES.

Zoroastre vole à la gloire ;
Triomphe, éclaire l'Univers.
La *Lumiere* attend la victoire,
Sur les *Ténébres* des Enfers.

Fin du second Acte.

ACTE TROISIEME.

Le Théâtre repréfente une partie des murs de la Ville de Bactre ; le Palais d'Erinice eft appuyé fur les murs qui paroiffent dans le fonds ; des ténébres épaiffes couvrent la furface de la terre.

SCENE PREMIERE.

CHŒURS de PEUPLES BACTRIENS qu'on ne voit point, & qu'on entend en differens éloignemens.

Premier CHŒUR.

D IEUX foyez touchez de nos larmes ;
Ecoutez nos gémiffemens.

Pendant ces Chœurs on voit voler rapidement le Char de Zoroaftre.

E ij

Second **CHŒUR.**

Dieux cruels, dans nos tourmens
Trouverez-vous toujours des charmes?

SCENE II.

ZOROASTRE, CHŒURS
qu'on ne voit point.

ZOROASTRE.

Quelle effroyable nuit, & quels cris doulou-
reux !
Peuples infortunez ! malheureuse Patrie !
Helas ! Abramane & ses Dieux
Comblent enfin leur barbarie.

Second **CHŒUR.**

Dieux cruels, dans nos tourmens
Trouverez-vous toujours des charmes?

Premier **CHŒUR.**

Dieux soyez touchez de nos larmes,
Ecoutez nos gémissemens.

Tous les CHŒURS.

O Ciel ! Que de spectres horribles ! …
Fuyons, fuyons ces lieux terribles.

SCENE III.

OROASTRE, ZELIZE, CEPHIE,
femmes BACTRIENNES, qui éperdues &
éplorées, sortent de la Ville de Bactre.

ZOROASTRE.

Elize, arrête. …

ZELIZE.

O Dieux ! … Quoi vous dans ce séjour,
roastre ! … Ah ! fuyez… tout gémit… tout expire.

ZOROASTRE.

frémis ! … Amelite ? ….

ZELIZE.

Hélas ! A cet Empire
n barbare pouvoir la ravit sans retour.

ZOROASTRE.

u'entens-je ! … O Ciel ! …

Z E L I Z E.

Le Peuple ofa s'armer pour elle.
Tout à coup l'air fe trouble & la clarté nous fuit.
Des fpectres menaçans , une vapeur mortelle ,
Répandent fur nos pas une horreur éternelle ;
L'effroi nous environne , & la mort nous pourfuit.

Z O R O A S T R E.

Dieu bienfaifant , Etre fuprême ,
Dans ces lieux défolez , c'eft toi qui m'as conduit ,
Et je n'attends rien de moi-même. . .

Un rayon éclatant de lumiere couvre Zoroaftre.
Il continue.

Quel trait de lumiere me luit !
Ciel ! où fuis-je !... Ah ! cruels , quelle fureur vous
guide !
Tremblez , un vain charme eft détruit.
Le crime en fe cachant marche d'un pas rapide ;
Mais le tems le décele , & la peine le fuit.

Le Théâ-
tre eft éclai-
ré dans tou-
tes fes par-
ties.

Aftre du jour , répands la clarté la plus belle ✶ ;
Raffemblez-vous Peuple fidelle ,
Accourez à ma voix , je viens brifer vos fers.

C H Œ U R S qu'on ne voit point.

Quelle voix fecourable éclate dans les airs !

SCENE IV.

Les Peuples Bactriens sortent en foule de la Ville.

OROASTRE, ZELIZE, CEPHIE,
FEMMES BACTRIENNES, PEUPLES BACTRIENS.

ZOROASTRE.

Temblez-vous Peuple fi-
delle ,
courez à ma voix, je viens
brifer vos fers.

ZENIZE , CEPHIE , FEMMES
BACTRIENNES , PEUPLES
BACTRIENS.

Zoroaftre {vous / nous} appelle.
Zoroaftre brifez nos fers.

Ils environnent Zoroaftre.

ZOROASTRE.

eft gémir trop long-tems fous des loix inhumaines.
uittez des Dieux cruels , rompez , rompez vos
chaînes.

farouche Abramane à votre défefpoir
offre que des tourmens , n'ouvre que des abîmes.
rez-vous à jamais d'un odieux pouvoir
Les complices & les victimes ?

ttaquez un barbare, armez-vous, armez-vous.

                    Z O R O A S T R E,

CHŒURS de Peuples.

Helas ! Que pouvons-nous
Contre ses armes invincibles ?

Z O R O A S T R E.

Osez braver ses coups ;
Ils cesseront d'être terribles.

De votre jeune Roi dont les vertus paisibles
Annonçoient un regne si beau :
L'art affreux d'Abramane a creusé le tombeau.

C H Œ U R.

Juste Ciel ! Quels forfaits horribles !

Z O R O A S T R E.

Peuples, vous fremissez d'horreur & de courroux.
Attaquez un barbare, armez-vous, armez-vous.

CHŒUR de Peuples qui s'éloignént.

Non, non, les Dieux inflexibles
Combattent pour lui contre nous.

Z O R O A S T R E.

Portez-donc vos fers sans vous plaindre.
Qu'il épuise le sang de vos rois malheureux.....
Peuples lâches, c'est à vos yeux
Qu'un nouveau forfait va l'éteindre ;
Tombez, tombez, murs odieux.

Les

s murs du Palais d'Erinice s'é roulent. On voit dans le fonds à la pâle clarté des torches que porte une troupe de Démons, Erinice armée d'un poignard, le Bras déja levé, & prête à frapper Amelite.

SCENE V.

AMELITE, ERINICE, DEMONS
dans le fonds: ZOROASTRE, &c.
fur le devant du Théâtre.

AMELITE à Erinice.

Frappe. N'efpere pas ébranler mon courage.

CHŒUR de Peuples.
Arrêtez. . . . O mortel effroy !

ERINICE.

Que vois-je ! O Dieux ! Je meurs & de honte & de rage . . .
Abramane, fecourez moi.

Le poignard lui tombe de la main, elle fuit avec précipitation, ainfi que les Démons qui environnoient Amelite.

SCENE VI.

ZOROASTRE, AMELITE, &c.

ZOROASTRE courant vers Amelite.

Sortez d'un indigne esclavage.

AMELITE.

Quel prodige !.... O bonheur !... Zoroastre, c'est
vous !

ENSEMBLE.

Je vous revois.... Je vous adore....
Que ce moment est doux !

AMELITE.

J'ai bravé dans les fers un monstre que j'abhore ;
Au milieu des tourmens qu'inventoit son courroux,
Ma tendresse sembloit se ranimer encore,
Et votre absence étoit le plus cruel de tous.

ENSEMBLE.

Je vous revois.... Je vous adore....
Que ce moment est doux !

ZOROASTRE.

Comme un poids accablant j'ai supporté la vie::